VENTE
DES 19 ET 20 NOVEMBRE 1909

Antiquités

PARIS

1909

MACON, PROTAT FRÈRES, IMPRIMEURS

ANTIQUITÉS

VENTE A L'HOTEL DROUOT

SALLE N° 11

Les Vendredi 19 et Samedi 20 Novembre 1909

à 2 heures précises.

COMMISSAIRES-PRISEURS :

Me BIVORT 96, rue de la Victoire.	Me ANDRÉ COUTURIER rue de la Victoire, 56.

EXPERTS :

MM. ROLLIN ET FEUARDENT

4, rue de Louvois.

Exposition publique :

le Jeudi 18 Novembre de 2 à 5 heures.

PARIS

1909

CONDITIONS DE LA VENTE

La vente sera faite au comptant.

Les acquéreurs paieront dix pour cent en sus des prix d'adjudication.

Les experts se réservent la faculté de réunir ou de diviser les lots.

Ils se chargent, aux conditions habituelles (5 °/₀ sur le chiffre des adjudications), des commissions qu'on voudra bien leur confier.

L'exposition mettant le public à même de se rendre compte de l'état et de la nature des objets, il ne sera admis aucune réclamation une fois l'adjudication prononcée.

ANTIQUITÉS

I. ÉGYPTE

1. Figurines funéraires en terre émaillée, etc. — 6 pièces.

2. Horus assis, etc. Figurines en bronze. — 3 pièces.

3. Osiris en bronze. — Haut. 17 cent.

4. Déesse coiffée de deux plumes. Bronze. — Haut. 14 cent. Socle en griotte.

5. Petit aigle ptolémaïque et figurine-amulette très fine. Bronzes. — 2 pièces.

6. Figurines funéraires en calcaire peint, couvertes d'hiéroglyphes. Haut. 20 et 26 cent. — 3 pièces.

7. Buste imberbe coiffé du klaft; au revers, hiéroglyphes sur un pilastre. Beau style. Fragment de statuette en basalte noir. — Haut. 12 cent.

8. Tête imberbe coiffée du klaft. Basalte vert. — Haut. 16 cent. Base en jaune de Sienne. *Voir pl. I.*

9. Bas-relief en pierre: buste imberbe coiffé du klaft. — Haut. 14 cent.

10. Adorant agenouillé, en prière dans un naos; le haut du corps est peint en rouge. — Calcaire. Haut. 22 cent.

11. Stèle en calcaire, représentant une scène d'offrande, avec légende hiéroglyphique. — Haut. 52 cent.

II. POTERIE GRECQUE

1. *Vases de très ancien style.*

12. Lécythe chypriote en forme d'oiseau, pyxis, balsamaires corinthiens, etc. — 15 pièces.

13. Grand vase à décor linéaire noir sur terre pâle; couvercle muni d'une poignée droite. — Diam. 32 cent.

14. Vase analogue, de dimensions plus petites.

15. Grande aiguière à décor géométral, même fabrique. — Haut. 37 cent.

16. Autre, à anse plate et surélevée, toute la surface couverte de damiers, de losanges, de lignes ondulées, etc. — Haut. 43 cent.

17. Bassin à larges bords rentrants, avec anse latérale. Décor linéaire. — Diam. 17 cent.

18. Support de vase à trois pieds. Sujets: Départ d'un cavalier, danse et scène de mariage. Peinture noire sur terre pâle. — Haut. 8 cent., diam. 15 cent.

2. *Vases à figures noires sur fond rouge.*

19. Coupe profonde. Sujet: Bacchanale. — Diam. 23 cent.

20. Coupe : Deux groupes de danseuses, chacun entre deux grands yeux. — Diam. 22 cent.

21. Autre : Frise d'animaux. — Diam. 20 cent.

22. Lécythe : Six personnages dont l'un tient un coq. Sur l'épaule, femme assise entre deux Sirènes. — Haut. 20 cent.

23. Lécythe. Sujet : Bacchanale. — Haut. 26 cent.

24. Lécythe : Énée, portant son père Anchise, précédé et suivi d'une femme. — Haut. 25 cent.

25. Lécythe : Quadrige et guerrier combattant. — Haut. 22 cent.

26. Lécythe : Sphinx sur une colonnette, entre deux hommes assis. — Haut. 19 cent.

27. Coupe profonde : Silènes dansants et quatre sphinx. — Haut. 17 cent.

28. Coupe plate : Quatre sphinx assis. — Diam. 33 cent.

29. Aiguière à goulot trilobé : Jeune homme suivi d'un chien et se dirigeant vers un autel allumé. — Haut. 14 cent.

30. Dix fragments de vases peints : l'hydre de Lerne, un sanglier, un lion, un taureau, etc.

3. *Vases à figures rouges sur fond noir.*

31. Lécythe : Joueuse de lyre, précédée d'un chien. — Haut. 17 cent.

32. Grand lécythe : Jeune homme, armé d'une épée et de deux javelots, faisant ses adieux à une jeune femme. — Haut. 37 cent.

33. Lécythe : Victoire au vol, faisant une libation sur un autel. Traces de légende. — H. 22 cent.

34. Lécythe : Adorante devant un autel. — H. 20 cent.

35. Aryballe : Deux femmes, dont l'une tient un coffret. — Haut. 17 cent.

36. Aryballe à goulot tréflé : Jeune garçon courant, précédé d'un canard. — Haut. 11 cent.

37. Grande coupe : Deux personnages agenouillés, quatre palmettes et quatre yeux prophylactiques. — Diam. 35 cent.

38. Cratère de basse époque : Quatre convives couchés sur une kliné ; devant eux, deux tables chargées de fruits. Traces de légendes. — Haut. 32 cent.

4. *Lécythes à fond blanc.*

39. Couronnement de stèle, à trois personnages. — Haut. 37 cent.

40. Même sujet. Jeune fille debout devant la stèle. — Haut. 30 cent.

41. Même sujet. — Haut. 24 cent.

5. *Vases divers.*

42. Lécythe à décor plastique : Victoire ailée et coiffée d'un capuchon. — Haut. 17 cent.

43. Petite amphore ornée de palmettes peintes, avec son couvercle. — Haut. 19 cent.

44. Aiguières, etc. — 4 pièces.

6. *Vases à vernis noir.*

45. Guttus italiote, orné d'un masque de Silène en relief.

46. Lécythe façonné en osselet.

47. Coupe avec son couvercle.

48. Coupes et tasses. — 9 pièces.

7. *Poterie non vernissée.*

49. Grand vase ovoïde à cannelures horizontales. — Haut. 32 cent.

50. Petites aiguières archaïques, lécythe fusiforme, etc. — 6 pièces.

51. Petit panier et petite coupe avec son couvercle.

52. Sept lampes ornées de sujets érotiques, etc., l'une carrée et à quatre becs.

III. TERRES CUITES

53. Bacchante debout, couronnée de fleurs. Traces de peinture. — Haut. 21 cent.

54. Femme drapée, tenant un masque de Silène. — Haut. 20 cent.

55. Déesse debout, les bras pendants symétriquement. Costume des Athéniennes du ve siècle. — Haut. 27 cent.

56. Figurine analogue, tenant une aiguière à la main droite. — Haut. 28 cent.

57. Déesse d'ancien style, assise sur un trône. — Haut. 27 cent.

58. Femme debout, ajustant son manteau. — Haut. 21 cent.

59. Grande figurine de femme, ajustant son voile et s'accoudant sur un cippe. — Haut. 31 cent.

60. Muse debout, accoudée sur un cippe, les jambes croisées. — Haut. 23 cent.

61. Déesse d'ancien style, assise sur un trône. — Haut. 22 cent.

62. Vénus anadyomène près d'un autel. — Haut. 24 cent.

63. Adolescent nu, couronné de fleurs, debout, les jambes croisées, la main gauche levée et tenant la draperie. — Haut. 27 cent.

64. Amour debout, accoudé à un Terme, les ailes déployées. — Haut. 23 cent.

65. Déesse debout, drapée et diadémée. Béotie. — Haut. 36 cent.

66. Femme drapée et voilée, tenant un éventail. — Haut. 25 cent.

67. Némésis tenant un petit cygne. — Haut. 25 cent.

68. Jeune fille debout, à demi nue, appuyée sur un cippe, les jambes croisées. Elle est couronnée de fleurs. Très beau style. — Haut. 22 cent. *Voir Planche I.*

69. Adolescent debout, le devant du corps à découvert. — Haut. 25 cent.

70. Jeune Tanagréenne se drapant dans son manteau. — Haut. 20 cent.

71. Jeune femme drapée, debout, couronnée de fleurs. — Haut. 28 cent.

72. Déesse diadémée, assise. Ancien style. — Haut. 25 cent.

73. Vénus assise de face sur un rocher, le manteau déployé en nimbe; près d'elle, un cippe. — Haut. 14 cent.

74. Jeune fille accoudée à une colonnette et tenant un oiseau et un sac à jouets. — Haut. 15 cent.

75. Némésis tenant un cygne. — Haut. 18 cent.

76. Jeune garçon debout, drapé et coiffé d'un béret. Traces de couleur. — Haut. 12 cent.

77. Jeune homme assis sur un rocher. — Haut. 16 cent.

78. Amour tenant un bouclier. — Haut. 14 cent.

79. Groupe de deux petites filles jouant au jeu de l'ephédrismos. — Haut. 13 cent. *Voir planche II.*

80. Jeune fille drapée, debout, la tête couronnée de roses, un éventail à la main gauche. — Haut. 21 cent. *Voir planche I.*

81. Femme debout, tenant un coffret. — Haut. 27 cent.

82. Femme drapée et voilée. — Haut. 25 cent.

83. Femme drapée, les cheveux relevés sur le sommet de la tête. — Haut. 24 cent.

84. Jeune femme debout, les bras abaissés. Costume du ve siècle. Peinture rouge. — Haut. 27 cent.

85. Tanagréenne debout, drapée, accoudée à une colonnette et tenant un sac à osselets. — Haut. 19 cent.

86. Joueuse de double flûte, assise et vêtue d'une robe courte. — Haut. 21 cent.

87. Jeune fille drapée, debout sur une base moulurée. — Haut. 27 cent.

88. Jeune homme coiffé d'un pétase, le pied gauche sur un rocher. — Haut. 20 cent.

89. Némésis debout, le bras droit levé; près d'elle, un cygne perché sur un cippe. — Haut. 21 cent.

90. Femme debout, à demi nue, la main droite sur un autel chargé d'offrandes. — Haut. 23 cent.

91. Déesse diadémée, les bras pendants. Costume du Ve siècle. — Haut. 25 cent.

92. Adorante accoudée à une figurine de Priape. — Haut. 21 cent.

93. Deux danseuses voilées. Sur la base, un bas-relief (chien attrapant un lièvre). — Haut. 20 cent.

94. Femme debout, drapée, les cheveux noués au sommet de la tête. — Haut. 25 cent.

95. Némésis avec son cygne. — Haut. 26 cent.

96. Déesse debout, drapée et coiffée d'un diadème élevé. Traces de peinture. — Haut. 25 cent.

97. Fileuse assise, avec une corbeille à ses pieds. — Haut. 18 cent.

98. Femme drapée debout, retenant des deux mains son manteau. — Haut. 20 cent.

99. Déesse d'ancien style, assise sur un trône. — Haut. 135 mill.

100. Jolie figurine d'enfant assise, tenant un éventail. — Haut. 13 cent. *Voir pl. II.*

101. Jeune fille drapée, debout, tenant une couronne de fleurs. — Haut. 16 cent.

102. Enfant coiffé d'un strophium et assis sur un rocher. — Haut. 115 mill.

103. Jeune garçon debout, accoudé à un Terme. — Haut. 14 cent.

104. Figurine de vieille femme drapée, debout. — Haut. 11 cent.

105. Grotesque dans l'attitude de la course. — Haut. 13 cent.

106. Fillette drapée, debout, la tête diadémée. — Haut. 11 cent.

107. Enfant debout, drapé dans un manteau. — Haut. 12 cent.

108. Jeune homme drapé, nu-tête, assis sur un rocher. — Haut. 14 cent.

109. Jeune fille drapée, debout, couronnée de fleurs et de fruits. — Haut. 7 cent.

110. Jeune déesse assise sur un trône, dans l'attitude des statues hiératiques. — Haut. 17 cent.

111. Adolescent presque nu, assis sur un rocher et tenant un sac à jouets. — Haut. 13 cent. *Voir pl. II.*

112. Joueuse d'osselets accroupie. — Haut. 10 cent. *Voir pl. II.*

113. Pédagogue portant une lyre et conduisant un enfant à l'école. — Haut. 11 cent.

114. Jeune fille drapée et coiffée d'une couronne. — Haut. 16 cent.

115. Jeune garçon assis sur un rocher. — Haut. 13 cent.

116. Amour près d'un cygne. — Haut. 15 cent.

117. Jeune homme à demi-nu, coiffé d'un strophium. — Haut. 18 cent.

118. Jeune homme coiffé du bonnet phrygien et endormi sur un lit. — Long. 10 cent.

119. Enfant nu, assis sur un dé carré et tenant un ballon. — Haut. 9 cent. — 2 exemplaires.

120. Déesse assise, d'ancien style. — Haut. 12 cent.

121. Enfant coiffé d'un chapeau plat et assis sur un rocher. — Haut. 11 cent.

122. Petite fille assise par terre et tenant un oiseau. — Haut. 7 cent.

123. Fillette drapée, debout. — Haut. 13 cent.

124. Jeune fille debout, portant une corbeille à ouvrage. — Haut. 17 cent.

125. Jeune fille drapée, tenant un tambourin. — Haut. 17 cent.

126. Deux figurines de femmes drapées. — Haut. 12 et 16 cent.

127. Jeune homme coiffé d'un pilos et assis sur un rocher. — Haut. 14 cent.

128. Jeune fille couronnée de fleurs et tenant une bourse à osselets. — Haut. 15 cent.

129. Deux cavaliers de style primitif.

130. Deux singes d'ancien style ; l'un porte une amphore sur l'épaule.

131. Colombe.

132. Buste de femme couronnée de fleurs (fragment de figurine).

133. Buste estampé de déesse portant les mains à ses seins. — Haut. 14 cent.

134. Buste nu de femme coiffée d'un krobyle. — Haut. 19 cent.

135. Jolie tête de femme ceinte d'un bandeau. Chypre. — Haut. 11 cent.

136. Masque de femme d'ancien style. Chypre. — Haut. 8 cent.

137. Tête de taureau, fragment. — Haut. 12 cent.

138. Main droite (fragment de figurine) ; très beau modelé. — Long. 7 cent.

139. Grand masque tragique de femme. — Haut. 30 cent.

140. Fragment de bas-relief représentant une femme voilée assise et sa servante. Très beau style. — Haut. 30 cent.

Voir pl. II.

141. Fragment de moule de bas-relief, figurant deux cavaliers. — Haut. 21 cent.

142. Trois moules (masques de femmes). — Haut. 6 et 9 cent.

IV. VERRERIE ET ÉMAILLERIE

143. Grand flacon sphérique. — Haut. 21 cent.

144. Flacon côtelé. — Haut. 13 cent.

145. Petite coupe. — Diam. 10 cent.

146. Lécythe conique muni d'une anse ; fils agglutinés. — Haut. 14 cent.

147. Flacon cylindrique. — Haut. 16 cent.

148. Verre à boire, forme de cône tronqué. — Haut. 9 cent.

149. Flacon cylindrique. — Haut. 11 cent.

150. Deux verres à boire.

151. Flacon à six pans, avec deux anses. — Haut. 10 cent.

152. Flacon en forme de sphère aplatie. — Haut. 9 cent.

153. Lécythe à anse. — Haut. 14 cent.

154. Flacons de formes diverses. — 8 pièces.

155. Six colliers formés de pâtes multicolores, de terres émaillées, etc.

V. IVOIRE, OS ET ARGENT

156. Petit support en forme de fruit côtelé, surmonté de trois têtes. — Haut. 8 cent.

157. Deux épingles à cheveux, en os.

158. Feuille d'argent ayant formé une ciste cylindrique, avec son couvercle. — Haut. totale, 30 cent.

VI. BRONZES

159. Victoire debout sur un globe et tenant un bouclier au-dessus de sa tête. — Haut. 12 cent.

160. Fleuve couché, tenant une corne d'abondance. — Long. 6 cent.

161. Petit bélier. — Haut. 35 mill.

162. Deux petits masques.

163. Bras tenant une poignée d'épée. — Bras droit tenant un candélabre. — Un doigt. — 3 pièces (fragments de statuettes).

164. Boîte à miroir, fragmentée. Sujet : Mars et Vénus debout; entre eux, un petit Amour et un rocher. Très beau style grec. — Diam. 20 cent.

165. Candélabre (en trois morceaux) monté sur quatre pattes de griffon. — Haut. 56 cent.

166. Base de candélabre, ornée de six cavités et montée sur trois pieds. — Haut. 14 cent.

167. Lampe avec sa poignée en volutes. — Long. 20 cent.

168. Petite lampe ornée d'une feuille de chêne, d'un dauphin et d'une tête d'enfant. — Long. 14 cent.

169. Décor de siège, en forme de pomme de pin.

170. Épée romaine en bronze. — Long. 77 cent.

171. Hache gauloise. — Long. 13 cent.

172. Deux ornements gaulois en spirale.

173. Armille en fonte pleine. — Diam. 15 cent.

174. Fibule d'ancien style.

175. Paire de crotales.

176. Deux strigiles, dont l'un cannelé.

177. Petite clef romaine.

178. Cuiller, épingles, etc.

179. Aiguière, l'anse ciselée et ornée d'un masque de femme. Belle patine vert clair. — Haut. 16 cent.

180. Bassin à deux anses mobiles. — Diam. 20 cent.

181. Bassin à bords évasés, avec anse mobile ciselée. Belle patine. — Diam. 19 cent.

182. Vase de forme sphérique, à deux anses, et monté sur trois pieds. — Haut. 27 cent.

183. Aiguière à goulot trilobé, l'anse surélevée. — Haut. 27 cent.

184. Petite aiguière ; même anse. — Haut. 16 cent.

185. Patère à bords ajourés, ornée de trois petits quadrupèdes en ronde bosse, etc. Couvercle concave, à bordure perlée. Patine verte. — Diam. 19 cent.

186. Petit vase sphérique, orné de godrons et muni d'un couvercle plat. — Haut. 7 cent.

187. Petite coupe montée sur un pied.

188. Deux petits lécythes.

189. Anse de vase, ornée d'un buste d'Amour.

190. Deux anses de situle.

VII. MARBRES, ETC.

191. Deux petites têtes de femmes. Marbre blanc.

192. Petite tête barbue et main tenant un fruit.

193. Petite tête de femme, de joli style. — Haut. 10 cent.

194. Petite tête de vainqueur dans les jeux, ceinte d'une bandelette. — Haut. 14 cent.

195. Tête casquée chypriote. Calcaire. — Haut. 12 cent.

196. Masque de jeune Faune, applique en marbre blanc. — Haut. 16 cent. Socle en marbre.

197. Grand masque couronné de feuilles et monté sur une plaque carrée. Bouche évidée. — Haut. 26 cent.

198. Tête barbue d'un personnage romain. — Haut. 27 cent. Socle en marbre.

199. Tête de femme, ceinte d'une bandelette. Renaissance. — Haut. 33 cent. Socle en marbre jaune.

200. Tête, plus grande que nature, d'un personnage romain. — Haut. 45 cent.

201. Tête de Bacchus barbu, style archaïsant. — Haut. 20 cent. Socle en marbre.

202. Tête diadémée de Junon, style grec. — Haut. 20 cent. Socle en marbre.

203. Buste de l'empereur Marc-Aurèle. — Haut. 40 cent. Socle en marbre.

204. Tête imberbe casquée, d'ancien style chypriote. Calcaire. — Haut. 26 cent.

205. Tête d'Apollon, de beau style grec, les cheveux bouclés et ceints d'un strophium. — Haut. 31 cent. Marbre de Paros, base en marbre noir. *Voir pl. III.*

206. Statue de Vénus dans l'attitude de celle de Médicis. Restaurations. Marbre blanc. — Haut. 1 m. 60. *Voir pl. IV.*

207-208. Deux petites statues faisant pendant : Jeune Romain, vêtu de la toge et orné d'une bulle. — Jeune fille drapée, portant une bulle sur la poitrine. Les têtes manquent. — Haut. 1 mètre. Marbre blanc.

209. Statuette de Minerve casquée et armée de l'égide, un bouclier (brisé) au bras gauche. Marbre grec. — Haut. 115 mill.

210. Petit torse de Bacchus enfant, la pardalide sur le flanc gauche. Marbre grec. — Haut. 28 cent. Socle cannelé en marbre blanc.

211. Torse d'adolescent nu, tenant un oiseau sur la poitrine. — Haut. 16 cent.

212. Torse d'enfant nu, tenant une corne de chèvre. — Haut. 40 cent.

213. Petit torse de Vénus. — Haut. 12 cent.

214. Fragment d'un groupe : femme agenouillée près d'un homme assis sur un cube. — Haut. 52 cent.

215-216. Deux petits Termes, l'un de style archaïsant, l'autre d'Hermès barbu, coiffé du pétase. — Haut. 26 et 15 cent.

217. Pied droit d'enfant sur son socle. — Long. 20 cent.

218. Lécythe funéraire athénien en marbre. Sujet du bas-relief : femme tournée à gauche, suivie d'une fillette. — Haut. 88 cent.

219. Autre, d'un beau galbe ovoïde. Pas de bas-relief ; légende en deux lignes. — Haut. 56 cent.

220. Fragment de bas-relief représentant la poitrine et le haut du bras d'un jeune homme tourné vers la droite. — Haut. 40 cent.

221. Stèle grecque représentant une femme drapée. Légende en deux lignes. — Haut. 72 cent.

222. Stèle funéraire : mascaron et légende grecque en sept lignes. — Haut. 75 cent.

223. Autre, figurant un buste de femme, placé de face sur un piédouche. Relief très faible, inscription grecque en trois lignes. — Haut. 57 cent.

224. Autre : scène des adieux ; sur le fronton, restes d'une inscription grecque. — Haut. 50 cent.

225. Fragment de bas-relief : femme voilée assise ; derrière elle, un homme drapé ; à ses pieds, une fillette. — Haut. 50 cent.

226. Base en calcaire ; sur le devant, en bas-relief, Léda couchée et le cygne. — Haut. 85 mill., larg. 19 cent.

227. Tête de femme en très haut relief et de beau style. — Haut. 20 cent.

228. Tête de jeune homme, tournée de trois quarts (fragment de haut relief). — Haut. 20 cent.

229-230. Deux fragments de bas-reliefs funéraires en marbre blanc.

231. Stèle funéraire avec légende byzantine. — Haut. 60 cent.

232. Inscription byzantine de très basse époque. — Haut. 24 cent.

233. Urne cinéraire romaine, ornée d'une guirlande, d'oiseaux et de têtes de bélier. Inscription fausse. Couvercle imbriqué. — Haut. 30 cent., long. 35 cent.

234. Autre, semblable. Inscription latine en quatre lignes. — Haut. 22 cent., long. 30 cent.

235. Stèle funéraire grecque, avec traces de peinture antique. Légende refaite. — Haut. 1 mètre.

236. Dalle de marbre blanc : légende archaïque en deux lignes et bas-relief (Minerve). *Fausse*. — Haut. 1 mètre.

237. Inscription latine du moyen âge, en lettres gothiques. — Haut. 29 cent., long. 42 cent.

238. Une main, un plateau, une lampe et une idole troyenne très primitive. Marbre blanc. — 4 pièces.

239. Tambour de colonne taillé à huit pans. Marbre rubané.

240. Une collection de douze sculptures mexicaines en pierre volcanique (femme à mi-corps, bustes et têtes, masque imberbe, têtes géminées, tête casquée, antéfixe, etc.).

VIII. LIVRES ET PHOTOGRAPHIES

241. Collection Somzée, par A. Furtwängler. Munich, 1897. In-folio avec pl. et fig. Cartonnage de l'éditeur.

242. 2e collection Lecuyer (terres cuites antiques), par A. Cartault. Paris, 1892. In-fol. Planches sans le texte.

243. Album de vues d'Athènes, etc.

244. Un lot de photographies.

245. Un lot de catalogues de vente, etc.

---

246. Cinq cages en verre, garnies de velours rouge.

247. Un grand lot d'antiquités non cataloguées (marbres, bronzes, poteries et terres cuites). — 86 pièces.

MACON, PROTAT FRÈRES, IMPRIMEURS.

Pl. I

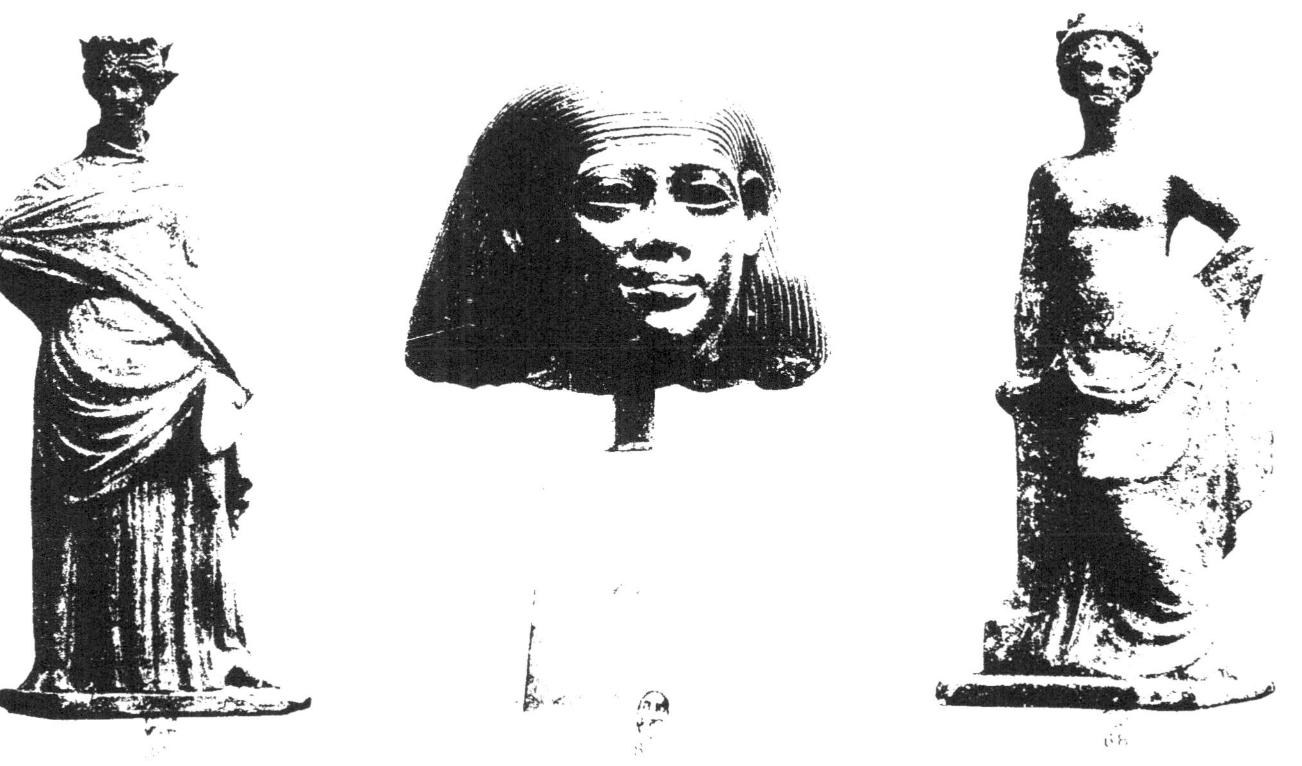

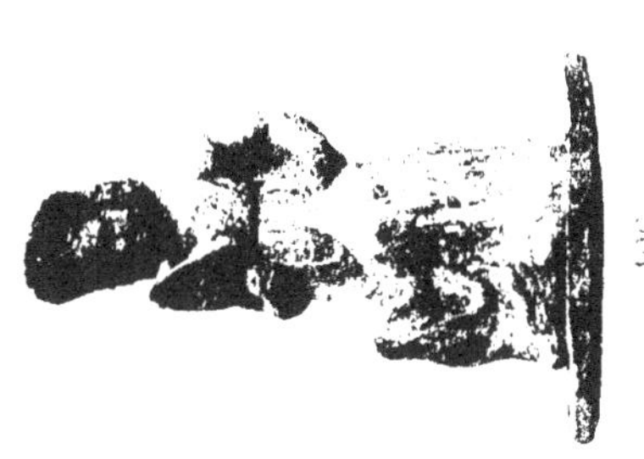

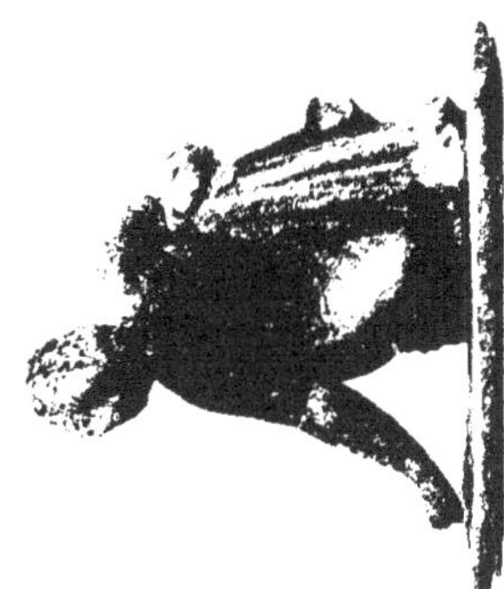

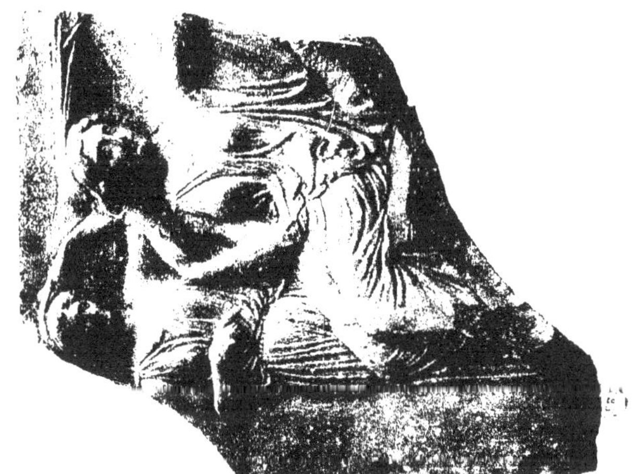

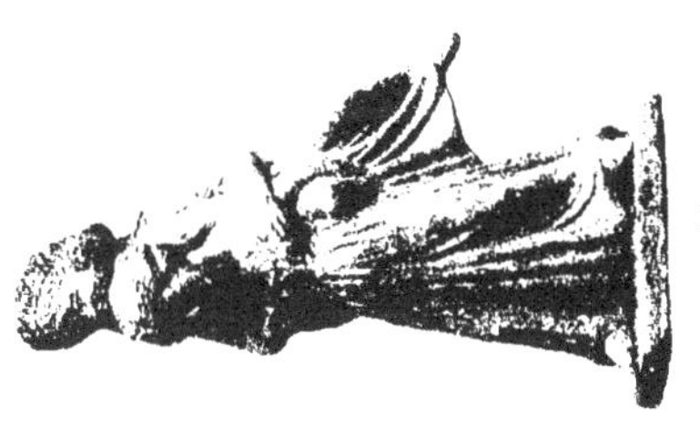

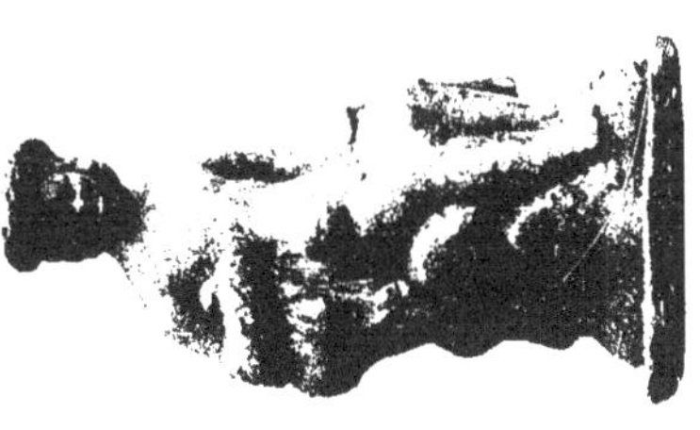

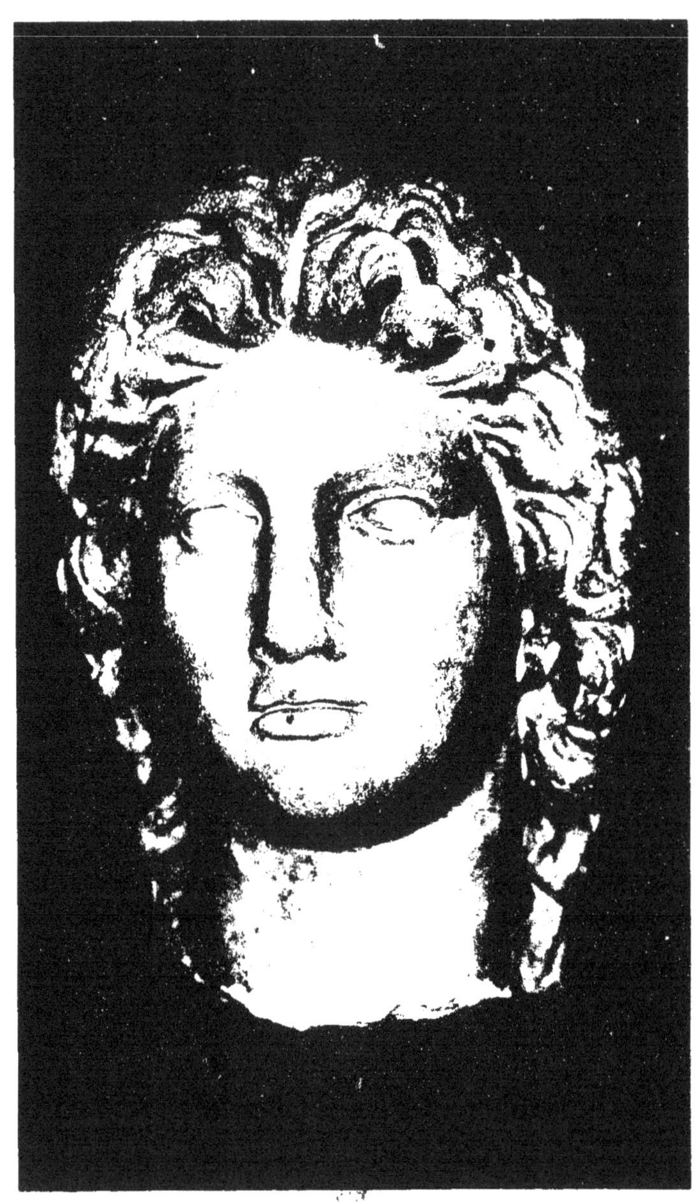

Pl. IV

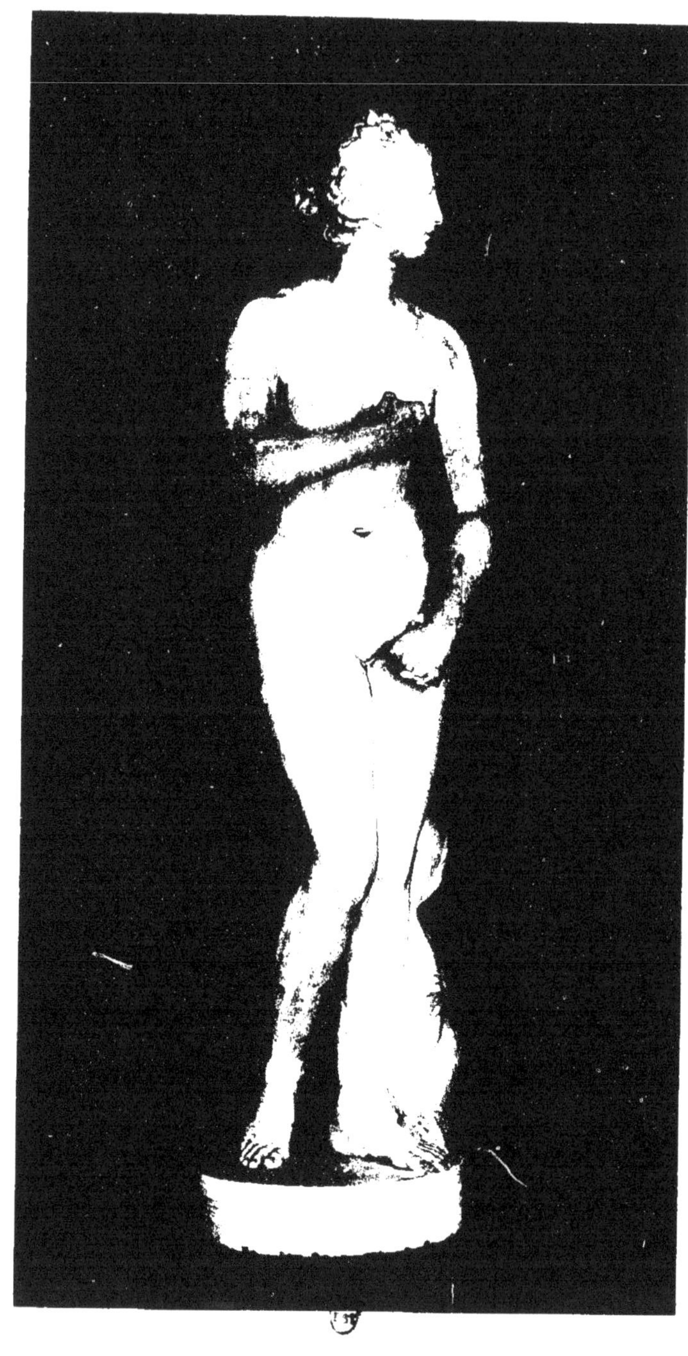

www.ingramcontent.com/pod-product-compliance
Ingram Content Group UK Ltd.
Pitfield, Milton Keynes, MK11 3LW, UK
UKHW021531260726
13993UKWH00004B/1936